미련 없이 밤

시산맥 감성기획시선 038

미련 없이 밤
시산맥 감성기획시선 038

초판 1쇄 발행 | 2019년 11월 30일

지 은 이 | 황성용
펴 낸 이 | 문정영
펴 낸 곳 | 시산맥사
편집주간 | 이성렬
편집위원 | 강경희 안차애 오현정 정재분
등록번호 | 제300-2013-12호
등록일자 | 2009년 4월 15일
주   소 | 03131 서울특별시 종로구 율곡로 6길 36,
　　　　　월드오피스텔 1102호
전   화 | 02-764-8722, 010-8894-8722
전자우편 | poemmtss@hanmail.net
시산맥카페 | http://cafe.daum.net/poemmtss

ISBN 979-11-6243-095-8 03810

값 9,000원

* 이 책은 전부 또는 일부 내용을 재사용하려면 반드시 저작권자와 시산맥사의 동의를 받아야 합니다.
* 이 도서의 국립중앙도서관 출판시도서목록(CIP)은 서지정보유통지원시스템 홈페이지(http://seoji.nl.go.kr)와 국가자료공동목록시스템(http://www.nl.go.kr/kolisnet)에서 이용하실 수 있습니다. (CIP제어번호 : CIP2019046272)

* 이 시집은 교보문고와 연계하여 전자책으로도 발간되었습니다.
* 이 도서는 카카오톡 선물하기 〈독서의 계절〉에서도 구입할 수 있습니다.

미련 없이 밤

황성용 시집

* 본문 페이지에서 한 연이 첫 번째 행에서 시작될 때에는 〈 표기를 합니다.

■ 시인의 말

온전함보다는 미숙함이 너무 쉽게도

온전할 때마다 드러난다

2019년 겨울에

황성용

■ 차 례

1부

미련 없이 밤 — 19
정정 — 20
기립 — 21
햇볕 — 22
열매 — 24
풍취 — 26
변주 — 28
외줄 — 30
단짝 — 32

2부

역사의 피 — 35
뽐뽐 — 36
홈(home) — 38
청명 — 39
순결 — 40
순결이 처음 한 일 — 42

척삭 동물 — 44

먼저 — 45

순록처럼 — 46

소고기는 너무 시끄러워서 — 47

순결만이 내 풍경 — 48

3부

굼벵이 스토리 — 53

신기술 — 54

악상惡想 — 56

핸드크림 — 58

종삼의 아침 — 60

일기 — 62

발² : 발발 — 64

사념을 겨누는 봉기 — 66

힐베르트 호텔 — 68

신방향 — 70

일요일의 프러포즈 — 72

4부

황학동 — 75

수묵화 — 76

고아원 — 78

미완의 방향 — 80

동주의 해 — 82

절제 — 84

귀가 검은 바나나 — 86

매혹의 행로 — 88

개척 — 90

몽타주의 의견 — 92

다르게 보면 당연히 내용은 채워진다 — 94

궁전만이 내 풍경 — 96

5부

선수층 — 99

곶 — 100

부도 — 102

신건축학개론 – 104

눈결의 시 – 106

L급 벼슬 – 108

휴게 시간 – 110

야근 – 111

뜻 없는 풍경 – 112

■ **해설** | 박동억(문학평론가) – 114

1부

미련 없이 밤

(가로)

••••••••••••••••••••••••••••• 음

••••••••••••••••••••••••••••• 양

(세로)

```
1    2    3    4    5
:    :    :    :    |
:    :    :    :    |
:    :    :    불   |
:    :    나무  (火)  |
:    흙   (木)       |
물   (土)            |
(水)                (밤)
```

(밤)

밤이 내리치는 쇠(金)

정정訂正

자고 있는 프로쿠르스테스* 똥구멍에 **뿜뿌***를 대고 펌프질을 기습에 해버리니 뒷일이야 어찌 됐든 매캐한 웃음이 왈칵왈칵 쏟아진다 통증과 고난을 이겨 내야 하는 육체가 헛웃음을 참지 못하고 쓰러진다

그렇다 보니 브랜드 가치에 열을 올리고 있는 로열 침대에 응급상황이 일어났다 병상의 과정을 밟지 않을 수 없다 당연히 병명이 나오겠지만 당분간 응급실에서 그 가구적家具的 웃음만은 막을 수밖에,

병상은 생각지도 않게 회진回診 중에 침상으로 정정되어 치료 보조제가 되었다 눕기만 하면 모든 질환이 완쾌되는 이 침대의 웃음, 그것도 신화의 웃음이라는 것을 부인할 수 없게 되었다

* 그리스신화 속 인물, '프로크로테스의 침대'에 비유
* 펌프

기립

 원하는 것도 아니고 원했던 것도 아닌 운동장에서 일동 기립한 일을 두고 그건 동력이 아니라 습성이라고 밖에서부터 말하는 건,

 어쩌다 생리학적으로 대사나 체온 조절의 기능이 있다고 할지라도 진리보다 관념에 편향된 부위라 더 놀랍다

 우리들은 이때 어느덧 넓은 벌판처럼 머물러 있으면서 아련히 떠오르는 윤슬을 그리워하고 있다 어제다 싶은 유년 운동장의 추억을 상기하면서 그 운동장의 사연이 더 만져진 통증에 민감해지고 있다 그래 운동장 하면 운동회가 생각나고 연병장이 생각나고 광장이 생각나는 것은 운동장의 넓디넓은 용도까지 확장되어서가 아니다 촛불 심지처럼 직립으로 타오르고 있다는 것,

 천형天刑인 양 태어났다는 것 때문이다

햇볕

걸으면서,

그것도 천천히 초목류 이름을 부르면서 걷는다 그 방향성은 따뜻하고 옳다 그래도 발밑으로 느껴지는 이물감이 있다 어디를 둘러봐도 햇볕이 시중을 조절할 수 있을 만큼의 무게는 주지 않는다

자고로 햇볕은 만물의 요소 중에 근원이지만 그 속에 이루 말할 수 없는 생명의 외경을 잠시 덮어두고 세세하게 다가오는 어떤 방법에 이르러 잠시 숙연해진다 더위와 동류의 개념도 아니고 그저 가슴을 태우는 아련한 애상의 본질도 아니니,

가끔 햇볕에 당황했던 그 공간 속으로 들어가 보는 것도 햇볕을 알 수 있는 방도이다 또 그늘에서 잠시 양지바른 장래를 내다볼 수 있는 기회를 가졌다는 것도 햇볕의 가호이자 의도이기도 하다

햇볕은 우리들이 항상 비유적으로 표현하는 그러한 희망의 언어만은 결코 아니다 햇볕은 햇볕 그 자체가 아름답다는 말을 듣고 싶다 둘이 걸으면서 상대방의 옆모습을 애틋하게 느끼는 일말의 가련함이 더 아름답고, 고독을 누그러뜨리는데 가장 노련하다는 말도 듣고 싶다

번번이 그들이 느꼈던 절망에 대하여 지극 정성으로 근접해 보려고 한 이 아침의 햇볕도 햇볕 속에 있다 햇볕 중에서도 아주 느린, 저물고 있는 그 햇볕에

열매

#1

일명 레몬,

이를테면 들에서 자라고 있는 레몬, 아직 씨방의 단계가 아니고 꽃술 수준인 레몬, 그런 모습은 엄밀히 말해 형상화할 수 없기에 일단 레몬이라고 부르고 본다 레몬이라고 부를 때에는 열매가 성숙되어 과일이란 칭호를 받을 수 있다고 단정하기 때문이다

레몬을 따서 하나, 둘, 셋, 하며 셀 수 있을 때 완숙됐다고 알아먹으면 된다

#2

길을 걷다가 레몬을 보게 되면 기분이 좋아지는 이유는 레몬이라는 한 유형에 만족이라는 지류가 유입됐기 때문이다 결실을 얻었다

결실은 있는 것이 아니라 얻는다는 것을 레몬을 보면서 알게 된다 레몬 가지가 길까지 나와서 길 안의 외딴 성질을 살펴보고 있다 걸어가는 길이 어떤 상황인가 직접 느껴본 것이다 사람들의 발걸음은 가끔 생면부지의 만남도 있어서 그것이 제일 낯설게 보였을지라

도 걸음이란 호전적이고 모험적인 면도 있다는 것을 레몬이라는 열매를 통해서 깨닫는 것이다

  혹 레몬 열매가 폭우에 맞아떨어질지라도,

  #3

  레몬은 오래 버티고 핍박받는 이 힘겨운 모습을 간절히 드러내고 있다 길의 시대를 지나 발걸음의 촉감을 기록하면서 레몬은 점점 더위 속으로 들어간다 둥글고, 둥근데 울퉁불퉁한 원형의 물체를 닮았다는 것은, 레몬의 모습이란 게 장방형의 네모 세계와 너무 다르게 느껴지는 한순간의 고난이기 때문이다

  레몬이 과숙에 들어왔어도 척박한 살갗을 가지고 있다 달들도 그러했지만 더 둥글둥글하기만을 바라면서 존재의 차이점을 세상에 알릴 때,

  레몬은 레몬이 아니고 생명과 육질성이 겹친 열매로 태어난다

풍취

 별로 누릴 것도 없는 시간이 포토 존 벤치의 고립을 연출하고 있다 해봐야 고작 고사 중인 떡갈나무의 시간 속에 점점 뜸해진 오후의 반나절 정도이다 실물 이상으로 앵글을 맞추지 못했던 풍광의 지점은 급격히 추락해 가고 있다 낯익은 동작들이 유입되지 않고 철썩거린 바다의 파도가 중심의 역할을 다하고 있다 애초 사람들은 힘겨워서 앉는 것이 아니라 벤치의 유혹에 당했던 것이다 화려한 동작의 쓰임이 아니라 페인트 밧줄을 타고 벽을 기어 올라가는 단순한 저항으로 힘을 몰아 양팔을 힘껏 뻗었던 것, 아예 풍치 모양의 헐거운 생으로 상생의 기조를 유지하려는 휴식의 여유와는 아직 거리가 멀다 나이 들었어도 부부끼리 인생의 최대 난관을 거쳐서 왔을 것 같은 이 장소의 묘수를, 그래 등 뻗고 가지런히 누워 등짝의 고난을 덜어주려 함이 아니라면 벤치만 있는 모습은 수려한 경치의 변방이 아니런가 아무도 없는 이 빈자리의 주인을 누구로 모실까가 아니라 카메라를 들고 셔터를 누른 뒤 무형의 어떤 낯익은 정경을 들여보내기 위한 일시적인 중단이라고, 음… 그 표정 딱 알맞다 햇볕이 달라

붉은 어느 봄날을 이쪽으로 확 끌어와서 맞춰봤으면 활짝 피겠다

 찰깍, 모델은 없지만 스스로 드러내는 자체가 풍취입니다

변주

 공연 행사에 오른다는 출연자들을 본다 형체가 없는 10명이 리플릿 한 장을 점령하고 있다 단순하고 정형화된 음절들이 조합되어 전체를 이뤘다 사람들을 별개의 단위로 분해해 놓고 보면 보통 3개의 속성으로 분리된다 글자 개별적으로야 어떤 형질을 표출하지는 못하지만 모아놓고 보면 세 글자 의미보다 그 사람의 외모가 먼저 떠오르고 다음으로 인성이 떠오른다 "키가 크겠지, 아니야 보통 수준일 거야, 덩치는 있어야지" 중요할 것도 없고 평범할 것도 없는 대화를 시작하는 시발지가 된다 그렇다고 해서 그분들의 자서전에나 기록될 어떤 업적까지 될 수 있는 것은 아니다 말하는 사람들도 말하는 사람들에게 들었기 때문이다 그렇게 말하다 보면 성품까지는 거론될 수 있지만 그 이상은 나아가지 못한다 집안 사정이야 특별하게 친한 지인이 있으면 모를까 대부분 인성까지 거론하고 끝낸다 공연이 시작되자 저절로 이름은 사라지고 외모가 본론을 주도한다 "콧수염이 멋있어, 기골이 장대하는구먼, 미인이네, 품위가 있어" 그러면서 이름 두 자는 관중들에게 지워지고 실체가 본격적으로 감정을 점령한다 장담할 수 없지만 그 분위기는 계속 이어지다가 공연 마무리까지 간다 결국 자기 발에 밟힌 리플릿을 보지 못하고 떠나는 공연장은 당분간 아무개 씨로 침묵이 흐를 것이다

외줄

  길바닥에 줄이 놓여 있는데 그 줄은 버려진 것인지 놓아둔 것인지 알 수 없어 지긋이 시간을 내서 쳐다본다 색깔이 들어있는 줄이 빗물에 젖어도 그 용도는 우러나지 않는다 그 상태가 어떤 단계가 아니더라도 3단계로 구분해 보았을 때 2단계에 해당될 듯하다

  그러니까 방치 단계를 넘어 관심 단계에 해당된다는 것이다 관심이란 고양이인 자기가 자기 입에 고양이를 물고 먹잇감처럼 걸어가는 것도 해당되지만 그것은 관심의 오용이다 무겁다는 것을 알려주려고 하는 동작도 아닐 것이다 줄은 길이이다 길이를, 그렇다고 그 빗물에서 꺼내주려고 하는 구호의 기능으로 해석할 수도 없다 그 줄 자체가 아픈 허리 주변으로 뻗어있는 힘줄의 다른 표현도 되지 못한다

  이렇다 보니 줄은 지렁이처럼 구불구불 땅에 붙어있을 뿐이다 잠시 뒤, 3단계의 폐기 처분으로 옮겨가고 있다는 느낌을 받는다 가령 전깃줄이나 쇠줄이나 밧줄로 되돌아갈 단계가 되지 못할 것 같은 판단에 이르렀다

〈

언젠가는 이 모든 아침이 누구에게나 있는 보편적인 아침보다 헐고 힘겨운 아침으로 전락하고 있을 것 같다 바닥에서 외면 받는 줄 알면서 줄이 철퍽 넘어진 것이다

단짝

가슴을 떨리게 하는 비경도 있지만 가슴을 먹먹하게 한 황혼도 있다
창공에 달라붙은 가을도 있지만 창공과 적절히 떨어져있는 구름도 있다
친구들을 만나 커피를 마시기도 하지만 생맥주를 마시기도 한다
전세가 화실인 경우도 있지만 월세가 집인 경우도 있다
남자처럼 머리가 짧은 여자도 있지만 기린처럼 키가 큰 여자도 많다
5월에 재혼한 사람들도 있지만 봄에 사망한 사람도 있다
이 모든 것들은 한곳에 넣어두고 오래도록 보관해둘 용기를 사러 시장에 간다 둘레둘레 쳐다보아도 잡화뿐, 그렇다 내가 사고 싶은 구름과 창공, 그리고 황혼은 삶이고 나머지는 그것을 느끼게 하는 신경이다 느낄 수 있도록 태어나게 했으니 느껴야 한다 섣불리 사라질 존재들이 아니라는 것이다

2부

역사의 피

투하 형^兄
우울해, 유럽!

어두운 일요일 Sombre dimanche[*]

애수,
악보를 박차고 나간 붉은여우,
조국,

세 건반을 켜면서도
핏줄이 터져
붉게 흐르는 핏물은 노도를 따라가고

젊음 밖 허공

역사가 없는 피는
유작이 된다

* Sombre dimanche : 프랑스 샹송 가수 다미아(Damia) 노래, 이 노래를 듣고 세계적인 대공항의 우울한 분위기 속에서 헝가리, 파리, 런던, 뉴욕에서도 자살하는 사람들이 발생했다고 전해졌다.

뿜뿜

그러니까 넌 움직이지 마
[K양]*을 보면 나는 정물

그러게 사자가 안타까워 죽겠어 나가고 싶은데 그림자가 잡아놓고 있어
그러게 괴력 시대를 모른 나는 정물

그 많은 성장판을 어디에 두었니 혼자 쓰려고 할 때마다 떨어졌대
음절 아,로 끝까지 갑니다

자동으로 돌아가지 말자고 해놓고 '뿜'을 태워 갈 교통을 찾는다는 거다
어떻게 진행되니? 아芽를 불러들인 거라고 한다

뿜뿜

그리하여 사과도 사자와 연관될 수 있겠다
거기까지는 아직 돌아오지 않는 순에서 과일을 맺는 중이다

〈
사과뽐 사자뽐

뽐뽐?

 뭐랬어요 모른 단어들이 음성이 되어 세상으로 끊임없이 나온다고 했잖아요
　움직이지도 못하고 움직이려고 하면
　잡혀먹고 있단 말이지요

아^{雅}...

뽐뽐, 있을 수 있는 사조로 진행합니다

* [k양] : 구자승 oil on canvas 72.7cm×60cm

홈(home)

너,

나를 계속 앉혀놓았던 바닐라 맛 영혼

순결은 너라는 언어를 싣고 통통배처럼
저 너머 떠나고 있다

나와 보니 어때요 관중이 아니냐

얼른 홈으로 돌아가요

세계 어느 나라의 혁명가라도
너, 라는 그 베이스를 깨부수지 못한다

제 몸이니까
위로의 가장 근거리잖니 곧 괜찮아질 거여요

별칭이 별의별 모형으로 쌓이고 쌓인다고 해도
너, 홈이 되는 이유는

나! 로 홈 인(home in) 해서

청명

 하늘이 무릎 닿을 때 풀이 말한다. 너 진짜야? 일단 안도는 푸르고 넓어졌다. 소폭과 결별

 하며 하늘에 붙어서 풀을 돋는다. 먼지 하나 없는 풀은 미동도 하지 않는다. 턱 말문이 막

 혀 멍한 거니? 넌 항상 넓었구나! 환한 빛을 내려고 있는 친구는 한 학년을 꿇고 다시 시작

 했다. 계속 보았던 것이 초콜릿을 먹는 듯 달기만 했던 것, 맞지 않다. 메뚜기보다 더 낮아

 야 했기에 엎드려서 전화를 받고, 누워서 기상 서적을 보며 배에 깔린 것 모두 희끗희끗 물

 방개로 날린다. 와 저절로 감탄이 나오는 '청' 함성, 너 때문에 계속 TV 켜놓고 라면 끓여

 먹으면서도 외출은 하지 않는다. 구름 하나도 없는 그 애를 계속 가슴속으로 불러 들어 너

 '명'이지, 하고 회임을 한다.

순결

> 사람이 만일 그의 이웃에게 상해를 입혔으면
> 그가 행한 대로 그에게 행할 것이니
> 상처에는 상처로, 눈에는 눈으로, 이에는 이로 갚을 지라
> - 레위기 19:20

저녁 내내 눈 내린 해변의 사구^{沙丘}로 나를 부른다
별로 익숙하지 않은 잠자리이다
처녀도 모를 것 같은 별 모양 잠옷을 들고 있다
습기가 올라오는 방에서 가족들 모두 묵도를 한다
케케묵은 목소리와 검은 고양이는 쓸 일이 없다
눈은 자기의 잠은 자고 내린 것이다
밤이 안 되는 곳까지 눈이 내린다
부르는 눈이, 불렀으니 백정화*까지 데리러 오고 있는 것이지
적막이 포착된 것을 보니 가깝게 온 것이다
누구와도 같이 있을 수 없는 환멸, 말할 수 없는 순결은
말할 수 있는 고백으로 있다
나의 눈을 감겨줄 용서도 새벽같이 일어나야 한다
죄에 대해 번민하는 동안

그녀에게 머물렀던 시간을 옆에서 조용히 접촉하는 것이다
세례를 받아 거절하지 못하고
있을 법한 계명까지 넣어가며 우러난 것이다 띄워진 것이다
눈은 나를 섞지 않는다

*백정화 : 꽃이름(당신을 버리지 않겠습니다.)

순결이 처음 한 일

기둥, 잠에서 깨어나 처음 뱉은 말

기둥 맞다 재산 아니다

기둥과 약속 할래 약속 게임처럼 어려운 것도 없다 둘 중 한 명이 쓰러져야
끝나는 게임이다 아니면 약속을 하지 않으면 된다

나 아파트에서 살고 있다 애인이 집값 반 대고 부모가 반 댔다
이사 갈 때 부모 얼굴만 남겠지 애인은 맛있어서 다 먹고 없을 테니까
나에게 부모는 항상 앨범 속의 사진이다

근래에 불량 이웃이 생겼어
너 이웃 맞아 아무리 맞춰 봐도 이웃 같지 않다고 해 그러면
그대가 이웃하면 된다

〈

기둥 뿌리 뽑혔다 애를 못 낳았다 너는 유치원 갈 때부터
시작해서 결혼할 때까지 기둥 전혀 볼 수 없다
나는 결혼 안 해 아니 못 해

바꿔
연인을 바꿔
바,
꿔,

바꿔서 바뀐 것 중 쌍둥이는 별로다

　당신도 아파트 없고 보석 없고 고급차도 없는데 부
자인 것은
　나와 함께 살면서 나의 차를 타고 나의 옷을 입고
나의 회사를 다녀서 그래
　나와 함께 한정식 먹을 때에는
　당신은 부자인 줄 몰라

　오로지 기둥
　그 기둥 인체 맞다 잡아뗄 때 기둥 성질 나타난다
　그건 목숨보다 더 고결하게 된 성性, 너를 받치고 있다

척삭 동물

 당연한 말; 차를 타고 왔다 당연하지 않은 말; 물고기가 바래다줬다 말이 되지 않은 말들이 말이 되어서 오억 만 년까지 오고 있다 진화와 관련이 있는 듯 저절로 이어져 오고 있지만 화석처럼 뚜렷한 증거를 남기지도 못했다

 새벽녘,

 눈과 눈의 마찰음, 화들짝
 원시적인 소음이 어떤 방에서도 들린다

 폈다가 구부리면서 푸룻푸룻 불을 끄고 있는 청어

 불 꺼진 후 불 켤 이유가 지금까지 없어
 어머니 눈은 청어처럼 지내왔던 것이다

 파도 일렁이는 척추가 물을 보는 눈이 된 것이다

 * 척삭 동물 : 발생초기 배(胚)에 척삭(脊索)이 형성되는 동물문(門)

먼저

 먼저 꽃을 멈추기 전에 향기에서 내린다 내린 것은 보통 추상뿐이다 벌은 날아간다 향기 외에 내리는 것으로 돈을 벌 수 없다 그들이 좋아하는 나라와 의*를 구할 수도 없다 멈춘 동작에 위로했다 티켓 한 장이 들어있다

 결국 골이 들어가고,

 화려한 기술이 사라졌다 시련은 늘어났다 손 키스 세리머니는 안 보인다

 게임이다, 라는 가정 하에 티켓은 가정에서 주고받은 선물이다 벼락보다 더 빨리 떨어지는 재물이다 왕관을 매일 쓰는 꿈이다 그래서 궁궐을 세우는 허상으로 더 굳어졌다

 멈추기 전에 먼저는 끝났다 뜻 없이 되어버린 '먼저'의 용처를 어디로 옮기나 시기를 정하는 해석 단계는 지났다 생애 정도로 멈추는 것을 멈출 수 없다 자연 그대로 꽃은 진행한다

 * 나라와 의 : 먼저 그 나라와 그의 의(義)를 구하라(마태복음 6:33)

순록처럼

절벽 위 급경사
극, 눈(雪)
순결에서 스며든 뿔을 털썩 주저앉힌다
높이지 않으려고
높인
뿔과 심정의 불일치
그때도 항상 폭포에서는
가슴을 두드리는 노인과 가슴을 쓸어내리는 영아가 있다
네가 어리니
어리디어려 더 어릴 것이 없으니
하루는 썩었던 것
이틀이 지나도 있든지 없든지 없다면
없는 대로 순응
절벽 아래는
호피 모자를 쓴 사냥꾼이 순록을 잡지 않고 순결을 놓아준
순록에 대한 결례

소고기는 너무 시끄러워서

시장통에서 소고기 사기 어렵다 전국에 수소문해서 간신히 찾으면 바로 나비 되어 날아가 버린다

형태까지 바뀌었으니 사슴도 그 소고기가 아니다, 라고 장담 못 한다

인제 나이 드신 분밖에 찾지 못해요 푸줏간에서 도살을 보았던 분

가족 중에 수혈이 필요해서 헌혈증서 20장을 받아놓았다 환자가 시켜서 한 일이지만 병실 창가를 잠시 바라보며 마음을 돌리고 있다 나무는 쉴 곳이지 돌릴 곳이 아니라는 것을 알지만 환자를 생각해서 잠시 나무가 된다, 누워있는 나무

가족의 눈빛 모두에 많은 피가 몰려온다 400㎖ 혈액 10봉은 더 필요하겠다는 말을 듣고 이제부터 팔뚝 어디든 관계없이 찌르련다 찌를 때까지 찔러서 바닥 닿은 데까지 내려가 퍼 올리련다

사슴피가 있는 데까지

순결만이 내 풍경

벽을 만진다
손가락으로 질이 들어온다 거칠거칠한 감촉은 경험을 거치지 않고
바로 나간다

만져지지 않는 벽을 만졌다
들리지 않는 것보다는 낫다 아르테미스*가
아무리 이해하려고 해도
궁극만 만져지는 가제가 붙는다

어떤 벽인지 손가락으로
그어가며 간다 색이 들어오기까지 항상 볕이
들어있지 않다
그냥 지나칠 정도로 있는 벽이다 외부에 온
손님은 그 가격^{加擊}에 정신을 잃고

손가락에 묻어있는 것만 있으면 손가락에서
벽을 찾을 수 있다
손가락을 툭, 팅겨 환상이 되든지 마술이 되든지

〈
손가락과 관계없는 일이 자주
관련된다

수만 마리 정어리 떼가 헐헐, 쟁반 형으로

흠결을 찾을 수 없어 되돌아보지 않는다
가령 전자부터 지속적으로 숙연해지는 것들에서

* 아르테미스 : 올림포스 12신 중 한 명으로 달, 처녀성 등과 관련된 여신, 풍요의 상징

3부

굼벵이 스토리

북위 34° 17′ 21″ 동경 126° 31′ 22″ *

외 날개 기러기

잠복되어 있는 기러기
주름 연보^{年譜}

헛통증에 걸려,

퍼드덕 푸드득

오류를 정정한다며,

글썽글썽 위 하늘을 쳐다본다

그러니까
근원이다

* 동경 126° 31′ 22″ : 우리나라 남쪽 땅 끝 위치

신기술

비 내린 5월 새벽, 영정을 앞세운 눈물 운구

엄마, 스텝 꼬였어

뒤따라오는 유족들 웃음 참느라 힘들어
그냥 웃고 괴로운 게 낫겠어

엄마는 기력 없을 때 오일장 족발 사서 삶아줬잖아

한 그릇 힘은 일생 내내 향처럼 피어오른 단출 한 패턴

옆집 할미에게도 몰래 갖다준 그 반복 연보^{捐補}, 발은 알아
영원한 보폭될 거야

적막한 엄마 방은 유리그릇 포개놓아서
숨겨지지 않는 증표의 메모리

웃음이 슬픔을 제압해도 바로 슬픔이 웃음을 뒤엎어

〈
그리워 보고 싶어 울어, 누군 총 겨누고 싶어 웃어
실타래 헝클어져 버린 혼선

큰 오빠와 동생 소식 끊겼다는 고장은
무선전화 고치면 풀릴 수 있는 일반 기술

운구하고 스르르 손 뺄 때
엄마와 작별이 먹히지 않는 신기술 쓴다

악상㤪想

(1)

설원과 백색 야음, 그렇게 접점

혼자 받아들일 수 있는 것은 오직 구부렸던 접면,
힘찬 수긍의 발진發疹

세상의 모든 세모와 마름모는 불안,
구악의 비극

동시대의 사건들 중 국가마다 있는 인면수심처럼
수일이 지나도 참혹한 적설, 그리고 안 보인 분노

눈과 안개 중에서
밤새 눈 내린 일은 악령으로

눈이 안개보다 내 몸에서 더 밀착한 까닭을 말하면,
네 처연한 붕괴와 외로운 모형 때문

(2)

내가 했던 나의 파멸은 항상 밤에

그들이 그쪽에서 보면 정면도 후면도 옆면

비둘기 날아오는 곳을 간절히 받는다

펑펑 날 새고 있는 고립, 정념^{情念}

전체적으로 전향했으므로

낭떠러지가 아닌 잔잔 그 시원, 일단 깊이 들어간 격랑

핸드크림

(수분이 곧 떨어지려나 보다)

거칠거칠한 손등에 버터 향 핸드크림은
여성적 방한^{防寒} 대책 아닐까

(곧 떨어지려나 보다)

손만 바를 때는 대항마 발 크림이
신제품으로 나타나 발만 바르게 한다

손에는 손만 바르게 발은 제발 좆같이 있어 줘
한 발짝 어느덧 열 발짝
손은 사상가 〈비트겐슈타인〉의 고인 '침묵'

손은 다수를 점령한 듯하나
표피의 개별 주름에 머물러 있다

(한 명이 또 떨어지려나 보다)

〈
언덕을 스치니 변두리 미용숍이라 해
흙먼지가 끼어서일까
커밍아웃은 참 신기해
핸드크림 향이 수염으로 올라오는 것 좀 봐

형식상 수맥^{手脈}을 따라 쭉 통과하면서
미용의 전선을 형성했던 것

(오늘도 떨어지려나 보다)

원래 핏줄을 타고 흐르는
수인성^{獸人性} 핸드크림은 이런 모습이야

이랴, 이랴, 이랴!

종삼의 아침

*

수고양이 손님 받고, 그러한 종삼의 아침

욕실 비누는 점점 닳고 있는 중

전체적으로 비닐 장판과 얼룩 벽지 그리고 일산^{日産} 전축 정도

좁히고 좁혀진 자아 속 변방을 보면서
'미학을 걸고 시도한 목선으로 면도칼 긋기'

그리고 슈베르트 미완성 교향곡을 듣는다

빈 병, 그토록 밤새워 울고 나서도

**

큰동서 종삼(남, 63세)은 부산항 항운노조 상용직에서 퇴직하여 늙고 있고 그와 이름이 같은 종삼 시인

은 63세에 세상을 떠났다. 서로 통성명을 하며 절친이 될 시기를 놓쳐 우울하고 실패하게 됐다, 라고 삼류 예술가들이 또 말한다

일기

나는 수많은 평면을 게워내면서 평면을 바라보는 나에게
너의 곡면을 보여주는 거울이
나의 어느 곳이든지 밤새도록 걸려있었다
- 1997. 12. 3. IMF 체제 선언 날

그 평면의 부호
숙이지 않으면 해독할 수 없다

무작정 울면 흐린 날
울면서 가성을 늘리며 고와지고 있다

가끔 갈비뼈를 벌리는 것이
흉장^{胸墻}일 수 있다고 드러낸다

늦은 귀갓길 사연에서는
딱 귀를 수직으로 세운 겁난 내면

아픈 부위는 지우는 것,
설날 식구들끼리 밟으며

〈
엄마가 구운 고등어 살을 발라
저녁 밥숟가락에 올려놓듯
폐지를 거머쥐어 즙을 짜낸 단골 풍경

그 지렁이 글씨가 보인 날에는
고꾸라져 적었기 때문이다

발^2 : 발발

발차기를 하다가 발을 잃어버린 아버지

신발 신을 일도 없고 신발 벗을 일도 없다 그런데 수없이 진열된 난장의 의도에 어찌 동조할 수 있단 말인가

신기록이 생길 리 없는 달리기도 사라졌고, 옆집 건넛집 있는 이웃도 더 이상 생기지 않을 판이다

발차기를 하다가 사과에 낀 발은 사과나무의 행운, 사과를 익힐 햇볕이 부족하였던 터에 공짜 에너지를 받는다

걸어가면서 생긴 이야기도 없을 터이니 아마 민담은 영원히 사람들의 입에 봉인될 뿐이겠지

가장 아쉬운 것은 넘나들 수 없는 무력감, 술 한 잔씩 먹는 포장마차도 있을 필요가 없다

〈

   계속 굴뚝에 올라가 굴뚝새를 보는 아버지의 모션은 팔 겨누기의 스위칭 타법, 그거 말이죠 백전백패여요

   발차기를 하다가 발을 잃어버린 아버지는 되치기가 되도록 의족 부분에서 발발거린다

사념을 겨누는 봉기

새벽에 이르러 이슬에 이르러 골육에 이르러
사이사이 홀로 떠도는 통렬

통렬한 염원은 물질 이전의 연원
그 질주는 살육의 외피에 싸인 잔혹한 역사이다

화살보다 더 빠르게 지나갔던, 그래서 그렇게 된,
지나간 사체^{蛇體}는 모룻돌이 얹혀있는 격식이 아니다

포식처럼 풀이 아니라 야수의 곧은 이빨이고
사람의 이빨이 아니라 아류의 광풍인 걸
포효의 눈도 눈이지만 왜, 외딴섬의 적막처럼 아련한가

창과 원흉과 늑대와 바벨론 국가의
엄습을 느끼며 공중의 아늑한 보금자리에서 흉금을
탈취하는 표면의 맹금류를 본다

시원의 영령이 영혼이었듯

영혼이 되려고 계속 눈 내리는 3월 간청까지
암흑으로 파 들어가는 발톱처럼 하얘진다

눈 내리면서 깜깜한 사색^{死色}, 참혹한 본령쯤 정도다 해도
숲마다 피어나는 여름에서 꽃, 꽃에서 생명

파도며 폭우며 불안이며 모두 모두
흘러가는 물이려니, 그건 밤마다 몰려드는 광분

죽창은 멈춰도 물은 흐른다

힐베르트 호텔

삐거덕 삐거덕
벌레도 풀잎을 기어가면서 오래되면 그런 소리 난다
신제품에서 드문……………드문, 거리가 벌어지면 중고품
스텝은 발목과 무릎의 거리를 헐거운 품목으로 만든다
문이 저절로 열린 이완은 괴로워
작업복 몇 벌 걸려있는 장롱문 여는 소리 또 난다
밤이 밤을 덮고 밤은 무한대 밤에 묻힌
철썩--------철썩----------철썩
자연음을 포식한 표범이 달라붙어 밤과 겨룬다
새벽 파도에 밀려난 표범의 모래톱,
너무 쌓여서 붕괴의 위치를 찾지 못한다
장롱으로 침입하지 못한 파도
철~썩~철~썩 봄으로 다시 들어온다
애들이 입장객으로 계속 들어오는 봄의 방
아라비아에서 겨울 벌판을 찾고 있는
스륵→ → → → → → → 스륵
표범이 갉아먹으며 으르렁 오고 있다

이빨로 가득 찬 가위질 수리
서해안 해변에서 동해안 해변까지 이어진다
왼쪽으로 처진 장롱
오른쪽에서 왼쪽의 노후를 투숙시키기 위해 다소곳
이 연 무한대,
 힐베르트 호텔*

* 힐베르트 호텔 : 독일 수학자 힐베르트가 무한의 성질을 보이기 위해 만들어낸 호텔 관련 예제

신방향

조선총독부 상무국 청소부 제갈 씨

한국인 같은 일본인 기무라고이치 감독에게 불려간다

아, 그녀는 미래형 마차

변소 청소 불결하면 머리채 무수히 잡히고 정강이 차이며
수십 차례 뺨 맞고 욕 듣는다

그녀는 상·중·하 중 말이 끄는 상위 그룹에 배치되어 있다

기무라고이치 감독이 모른 독립군,

핍박을 애국으로 배우는 그녀는 점점 멋쟁이 문명인으로 바뀌어 간다

달린다는 것은 아직 벌판이라는 뜻

〈

마차는 만주와 시베리아를 통과하지 못했다

그녀는 과거형 기무라고이치 시제^{時制}를 아침마다 닦는다

그래서 마차는 마차의 고정된 방향으로 달리면서 파열된다

앞쪽을 줄이고 뒤쪽 문물을 늘린 후방센서가 그녀의 마차에 달려있었다

일요일의 프러포즈

두 눈에 쏙 들어온 노란 머리 아가씨
내릴 때 바로 빼버린 몰인정 아가씨

만나고 헤어지게 한 600번 시내버스를 원망한다

비어있는 옆자리는 항상 비어있지 않는 옆자리
알록달록 원피스 색깔이다

이러 쿵, 저러 쿵, 요로 쿵
쿵쿵쿵 매일매일 생각난다

시화공단에서 만든 그녀의 유리컵은
뚜껑을 붙였다 뜯었다, 손잡이가 있다가 없다가
이 모양 저 모양 변덕이다

시내버스는 덜컹덜컹 느닷없이 변했다

그 마력에 엄마와 아빠 결혼 날짜 잡혔던 것이다

4부

황학동

　G가 심각한 표정으로 들어오기에, 보자마자 물 한 바가지를 퍼부었다 CG*야 미안하다, 라고 그 동생들이 계속 발을 동동 구르는 거다

　G는 엉엉 울면서 자기 브래지어를 꺼내 물 쏟아진 거실에게 채주고 있다 폭행이 이쯤 되면 나는 항상 아버지여서 아버지들처럼 의기소침해진다

　내 모습을 보고 있는 G 동생들이 지네 엄마처럼 스카프를 찢기 시작한다 배우지도 않는 과목에서 100점을 맞아 온 둘째와 편의점에서 컵라면을 먹고 온 셋째와 넷째, 오디션이 늦어서 아직 들어오지 않는 막내가 있어서 G는 자정부터 본격적으로 가출이 시작된다고 선포 한다

　나는 좀 간격을 두고 했어야 해서 0시 5분부터 시작한다

　애들이 내 흉내를 보고 낄낄 웃고 있을 즈음 철거반이 들이닥쳐 대문을 피해 달아나는 G를 쫓고 있다 나는 철거반이 지나간 후 내가 사는 곳이 이미 때가 지났다는 것을 알았다 우여곡절 끝에 붉지 않다는 것을 알았다

* CG : 컴퓨터 그래픽

수묵화

사슴 발자국, 발자국, 발자국
영혼을 부른 터치

꼬리의 귀퉁이가 보인다 처음에는 무엇을 주위로 데려왔는지 모른다
매·난·국·죽의 정원이었다

체형 볼 때 꽃잎 보이고 꽃술 보이면서
자연과 동물은 어화둥둥

어찌하건 우리에게는 어제저녁부터
빈터에서 사람을 자주 **빼앗아가는** 장면을 본다

사슴의 경계를
무너뜨리려고 명암이 밀려오는 모습

무서워 도망친
젊은 애들의 울음소리를 듣지 못하는
산천이여

〈
저녁 내내 빗물만 받고 있다

수천 개의 봉우리에서 사슴들이
퐁당 빠지는, 소리를 낸 맑은 눈이다

고아원

보약에 해당된 인삼이나 녹용, 먹어야 합니까 입어
야 합니까

입어야 합니다

따뜻하니까 감기에 걸리지 않습니다

의사들은 먹어야 한다고 하겠지만 사회는
의사만 살고 있지 않습니다

탄광에도 광부가 있지만 꼭 광부만 사는 것은
아닙니다

입으려면 음식도 아니고 약도 아니어야 합니다
광부는 쓸쓸하게 되었습니다

어떻게 검은 직종을 보약이라고 하십니까

적응해야겠습니다!

〈
적응할 땐 숟가락 없이 손으로 먹고 밥그릇 없어도 신념으로 먹어야 합니다

밥을 사회화하면 밥알 흘릴 리 없지요

순응에 집착할수록 단독으로 키울 수 없습니다

봄바람이 부는 날에는
쓸쓸히 창문을 쳐다보고 있습니다

입을 겁니까 먹을 겁니까

가로와 세로로 겹쳐 봅니다 십자가보다 공존이 먼저 생깁니다

먹겠습니다 먹습니다

미완의 방향

지역 조합원과 함께 거제도에 온 행위는
나의 일생 중 뜸한 특별한 행로
역방향 ←←←←←
세스랑게, 갯가재, 진주배말은 모두 일상
그래서 순방향 →→→→→
친화를 위해 웃고 말을 걸까, 말을 걸고 웃을까
식당에서 같이 식사할 때는 융화 쪽, 그러니
일상은 풍경과 손잡은 달랑 여행
항상 본 그 자리, 바다처럼
그런데 내가 험난해야 할 표정은
그들의 정면으로 더 깊숙해져야 할 화살표
계속 진행되는 평행선이라고 이해할 것이다
순식간, 그쪽 특수면을 스친 고요
머리를 소슬히 다독이는 상처는
전방에 펼쳐진 풍광, 어디로 쓰다듬어야 하는가
발디딤 슬쩍 없게 한 태초가
조합원 속으로 들어가 심장을 빨갛게 놀랜다
그들에게 얼른 손 잡힌 나의 대처는
바닥에서야 드러날 발의 지시어, 또는

발의 초행으로 적힌
왼쪽만 밟힌 다섯 발자국, ◐◐◐◐◐
나머진 아득한 미완의 방향
(그리고 미혹이 되려는 징후)

동주의 해

오후 내내 전축 레코드판 돌아간 줄 모른 채

느릿느릿
공원 둘레를 끼고 걸어간다

간도여,

있어 줘!

낮도 어둠도 아닌
그리운 남쪽으로 더 기운 전쟁

메뚜기 발 냄새, 고립

햇볕을
틈 벌어진 철문에서 슬몃 꺼내 보고

발걸음을 두둑두둑
분절을 하며 고무신 신고 걷는다

〈
눈보라 치는 2월에

시간당 한 바퀴씩
저녁 12시까지 16회나 돈다

음 이탈 없는 독립

* 동주 : 윤동주 시인

절제
– 토마토에서 떨어져 나오지 않는 레몬

둘이 부딪쳤다
부딪치면서 토마토가 떨어졌다(부딪친 레몬은 있기나 한 걸까)

토마토인 줄 알고 찾았지만
주변 파편에는 토마토 보이지 않는다

노랑 부리를 발견했는데 노랑부리저어새가 있는 식

내일까지 토마토를 찾아볼 것이지만 혹 호박이 보이면 오이가 떨어졌다고 해야 할까

불곰 지나는 곳에 반달곰 없어도
백곰 있는 곳으로 전율이다

남극 벌판에서 찾아봐야 평생 북극곰 찾지 못한다

대신 레몬이 달렸다
나무에 달린 것이 아니고 애들이 쥐고 있다

〈
어쩌다 그런 애석한 사고를!

레몬을 먹지도 않았으면서 밖으로 우르르
흘려버린 배변 색깔은 시다, 엎어졌다

호박에서 한 번
오이에서 한 번 두 번의 토마토 연상이 생겼다

토마토에서는 익지 않는 레몬의 수긍

레몬으로는 절제밖에 없는, 추궁 아닌 추구

귀가 검은 바나나

'명동 슈퍼' 앞으로 약속 장소를 정하는 연령대는
{귀가, 검은, 바나나}의 노령층

저녁 찬거리와 관련이 있을 듯 추측되지만 그것은
외식업체의 시장조사 접근 방식

기분 좋은 하루를 아침 입장에서
한번 해보고 싶어 바나나의 친구를 소개 받는다

예를 들면 시금치처럼 흙과
양분을 다량 보유하고 있는 수준

주부들끼리란 차 한잔 마시면서도
가스 불 끄지 않았다고 급히 일어나는 행태, 또는

바나나 친구의 친구를 더 소개받아 바나나의 산지
까지 탐색하는 것

세 명 중 한 명이 나오지 않는

약속 장소라면 슈퍼는 일부 코너가 폐업돼서
처참해지고 있는 것이다

바나나의 친구는 겨울날 때 부츠를 신고
워킹을 하다가 타임에 걸려
잠 많은 슬리퍼 지점을 유발하는 시기이다

한 명 뺀 친구 두 명은 바나나처럼
구부러진 관성으로
귀에 검은 색깔을 넣자고 한다

바나나의, 검은, 귀 친구들의 거역
귀로 歸路

매혹의 행로

여러분은 사랑이 제일 쉽죠, 그렇죠?

양면으로 할 수 있죠. 힘을 쓰는 일이 아니라고 생각되죠. 우선 들키지 않아서 좋죠. 제일 많이 보유한 사람도 없고 제일 적게 보유한 사람도 없어서 공평하죠. 그때그때 가져다 쓰는 구조죠.

부지런 합시다. 사랑에 대한 정의를 알 필요는 없죠. 느끼면 되니까요. 절절 스며들면서 파고들면 되니까요. 그러다가 복받쳐 울어버리면 사랑이 저절로 또 다른 사랑으로 옮겨주죠.

사랑에 숨었는데 다른 사랑이 나타나 다르게 숨겨줘서 사랑이 뭔지 모르고 돌아갔다지요. 누구의 말인가요. 사랑을 지나보고 사랑에 붙으려는 풀벌레들이네요.

우리들은 죽음의 사랑을 해야 하나요. 사랑이 복잡해지네요. 평생 사랑을 배워서 사랑 쓸 곳을 보고 있어요. 새들도 풀들도 점점 가깝게 보이고요, 그런데 안개는 어디에 있는지 온 주변을 감싸고 있어요.

〈

 사랑이 느낀 감정이 저녁 안개일까요. 애인은 어디로 보냈을까요. 이 한 편의 시를 쓰는데도 사랑이란 말이 14번 들어있네요. 사랑을 너무 반복해서 자꾸 버려지게 했군요. 그 사랑 얼른 올라타서 신나게 같이 떠나보자고요. 남녀노소 제약 없는 환상 별천지에 숨겨두지 말고요.

 언니 잘 있어? 나 며칠 전에 성전환 수술했어요. 이제 사랑을 어떻게 느껴야 할지 정말 애매해요. 나 어떡해? 정말 허허벌판에 들어선 느낌이어요. 어떤 매혹이어도 매혹은 사랑해야 할 것 같아요. 굿바이~

개척

깨진 컵 손잡이는 바로 접합할 수 없어 컵조차 버려지지요. 손잡이 없어도 쓸 수 있는 용도로 보낼까 봐요.

골을 넣는 종목은 많아요. 매일매일 골을 넣은 시합으로 생활할 수 있어요. 다가가서 보면 밥 먹는 것도 그렇게 되겠네요.

눈동자만 보고 끌리는 사랑은 너무나 애틋하겠지요. 그렇다니, 냉동 명태 고를 때는 어떤 감정으로 봐야 할까요.

야간 교대를 하는 휴일에 춤은 잊지요. 클럽을 뛰는 팀원을 어떻게 데리고 다니겠어요. 망상하는 게 낫겠네요.

현재를 탈피하는 방법 중 지진은 전략적으로 가장 좋아요.

날일 하면서 먹는 커피는 작업을 혼란하게 해요. 모래 나르고 벽돌 나르면 끝 이게 뭐여요. 습관은 제거해 주세요.

〈

 잠자고 있는 엄마 코가 벌렁거려요. 종일 대기석에 있어서 고단하지요. 콧구멍으로 에너지를 공급해드릴 게요.

 코밑에 흙먼지가 묻는 것은 신대륙이 들어섰다는 것, 범선이 미지를 향해 돛을 올리고 있다.

몽타주의 의견

식당 중 구내식당, 인간 대 인간을 원한다

풋고추는 식품이 아니고 덕망이다 그처럼
스스로 우월해져 있었다

정말 식판 반찬에 점점 난리가 났는데 스파게티 소스를 빼니
잠잠해졌다 일명 폐쇄형 내성 때문

여기서 점점은 일반 식당이 느낀 범죄의 윤곽

구내식당은 혐의가 안 되는 것이 아니라 전에
파쇄된 상태라 혐의가 아니었다 식자재가 반입되면서
범의도 유입되게 된다 그걸 개방성이라 할 때,

얼굴 그림이 없는 요술 몽타주를 보면서
애들아 술 먹어 봐라, 이들은 노인 식당이 되어
토속 반찬을 금방금방 색출한다

여봐라, 성혼을 찾아주는 신종 회사를 아느냐

줄을 서고 있는 구내식당의 완성은 성스럽게 되었네

감옥들만 배고플 뿐이다

식당은 구내식당의 샤토브리앙 안심스테이크를
육류볶음이라 했다 그러면 좀 안쓰러워 지려나

날마다 착각이었으면 했던 구내식당

흐린 날 사원들이 점심 식판을 들고 있는 모습, 그걸 구내식당의 태생적인 운명이라 했다면

이 아름답다고 모두 인정한 닭꼬치를
주메뉴로 그리다가 성기는 빼 범죄는 더 안 됐다

인간이 그렸다는 구내식당의 몽타주는
결국 식당 대 식당이라는 의견

그래도 얼마만의 유려한 외출이었던가

다르게 보면 당연히 내용은 채워진다

시조새의 날카로운 이빨이 새벽에 일어난
아버지의 어깨에 붙어있다, 툭 떨쳐야 하는 증후군일까

새, 형체와 의미를 꺼내서 제2의 새에게 집어넣는다

번식 확률 0%

가도 가도 나에게는 도달하지 못할 험난한 개념

나의 문제일까
새의 문제일까

새의 날개를 어깨의 동선으로 쓴다
날개와 어깨의 연관이 없어 자꾸 사자가 나타나고 있다

계속해서 새에게 매달리게 되고
날이 새는 날까지

재촉한다 하얗게 되는 것이 새의 문제로 한정되면서
새들은 알게 된다

총으로 잡은 새와 돌멩이로 잡은 새의
내용은 분간되지 않아서,

서서 저 멀리 정상에 올라 양손을 힘껏 올린다

나 새 아니지 그만 훨훨 날아가는 것
뿐이지

궁전만이 내 풍경

외딴길(세종대로 99번 길 정도)
그리하여 덕수궁 돌담길 옆 담장을 만진다
끈적끈적한 액체일 때 더 짙은 천공,
질감 중에 꺼칠꺼칠 촉감이 묻어있기도 하다
구급대원의 손에 이끌려
빠져나오기도 한다
그렇게 되어 맛을 내린 침이 손가락에서
너무 길게 흘러내린다
돌아올 일도 없으면서 공백에서 검출될 것도 없으면서
실선을 그으며 한 줄 되어 보는 것이다
있을 부분이 없어서 있을 것이 없는
혼신까지 왔다
나는 펑펑 울 수도 없는 궁전으로 돌아와
더 이상 돌아보지 않는다

5부

선수층

슬픈 코너를 차지하고 아른아른 라인 쳐져있다

트랙 있는 곳 뛴 곳, 없는 곳 진 곳
티키타카*

사랑을 익혔거든 결혼해 봐봐 트레이드로 직결된다

입수 순서가 정해진 별 떨어지는 새벽

합숙처럼 언덕에서 훈련된 수레길

측면으로 오는 킥을 막지 못할 것 같으면
패할 것이니 시합을 붙일 수 없다

폐지를 줍는 단독플레이는 노 플레이

* 티키타카 : 스페인어로 빠르고 짧은 패스가 선수들 사이에서 왔다 갔다 한다는 뜻

곳

화살에 맞아 독 오른 등짝, 불문율 뒷모습 악어

골목길에서 들려 나오는 그 여자의 붉은 비명은
아메바? 물벼룩? 지렁이?

그 침입은 자유자재로 원점을 변하게 한 상처

넓게 됐을 때 연유가 있는 줄 알고
교신을 했으나 두절뿐

높고 높은 곳은
이미 높고 높아서 수고^{樹高}라고 하면 틀리다

늦었으니 종영이 맞다

잠깐 의자에 앉아있는 그곳의 점방에서
취객 두 명이 일어날 줄 모른다

여자가 떠나면 그 눈은 한산한 겨울

〈
눈 맞고 계속 소망을 기다리는
그 여자는 너무 추울 것 같아 눈이 되고,

곧 시련에서 나올 곳

부도

관광지 부도는 영혼의 연결 장치

석고상처럼 보면 금칠을 해서 규모에 온 신경을 쓴 혐의

그렇다 해도 전신을 삼등분해 흉부 쪽을 생전 줄거리로 만들었다

발걸음 한 번이 천 년을 왔다 갈 수 있도록
말끔히 치워져있고,

인체 이후의 석문^{釋門}으로 넘어갈 즈음

그곳으로 며칠간 정착을 한 것은 산신령이다

이제부터 부도는 밥을 먹게 되고
잠을 자게 되고 외출도 자주 하면서
뭐든지 되었고,

〈
비 온 날, 밖으로 나오면서
자기가 열려있는 줄도 모르고 가방 흉내를 냈다

그러므로 시간 초과해서
땡 하는 폐품 처리가 귀청을 때린다

부도^{不渡}에 사연이 적힌 눈물의
나날들

신건축학개론

허물 집,

헐렁한 기둥은 장딴지, 승냥이 짖는 안방 문,
천장 쥐 부엌까지 내려와 기침 캑캑

대패와 못, 단단히 허리 굽은 뼈마디, 태 자리를 망각한 부조화

묵직이 낮췄던 세간들, 선반에 못 올리는 장화, 장마 양철 지붕
 적막만 번쩍번쩍

고양이가 들어가 길고양이, 도둑고양이, 야생고양이까지
 통개와 다르지 않은 고양이

없으면 없을수록 좋은 바람, 외관부터 집 아닌 것 같은
 다른 생각, 대들보 보이지 않는 구색

〈
새시창과 전구 교체, 구애 작전 100일째,
손에 쥔 것 우기 누수, 설렘과 관련 없음

아서라, 낙조와 함께 사라졌다 다음 날 해와 함께
떠오르면 되잖니

엉겅퀴, 까마중, 돼지풀, 개비름
빈터에 자기들 집 짓고 있는 움

순결의 시

대전 동구 충정로 사거리 에코 빨래방 내벽은 빨갛다
원룸 학생들이 주로 오고 있으며
가사 도우미들도 가끔 온다 빨간 옷을 입고 있는 사채꾼들이
선글라스를 쓰고 안 본 척 한다
하절기에는 언제나 문을 열지 않는다

빨래방 안의 눈요기로,

문예지 '수필예술' 과년도 한 권과 무명 시인 시집 두 권 있다

아방가르드가 없는 순결

덤으로 음료 자판기 한 대와 산세비에리아 화분 두 개

세탁 순서를 기다리는 동안 멍 때릴 수 있다

그러나 빨랫감을 그냥 두고 술 먹으러 갈 수는 없다

따분하다면 동전 투입기에 손가락이라도 넣고 돌려 보렴

피 때문에 후회할 거야

손님 중에 앵커가 있었는데 뒷날 사내방송 낭독을 통해
무명 시집에 있는 '오른 손가락 네 개는 열불'이라는
시 한 편을 살아나게 해줬다

L급 벼슬

병원 안과 진료 접수 중

오거리 골목 R 보이는 시야에 울긋불긋 단풍이
올려진 증상 때문

눈병 황반변성, 구름 몰려 흐려졌다

에둘러 봐도 흩어질 결집이다

노숙인의 투숙은 살짝 시상에 머물러도 와락 붉어질 애루
매일매일 뒷문 통해 나간 촉감이므로,

문득 아래와 위의 시선 배치를 알리는
긴급한 신호가 사라지고 있다

잠을 자기 위해 활동을 멈춰도 파동의 종류는 계속
늘어난다는 L의 진단

〈
일어났다 앉았다 수백 번 시력 품계를 조정하다가
와자지껄, 순백으로 들어앉는다

의사가 그곳에 닿았던 색벽돌 하나를 치운 난장,

무거웠으리라! 네 벼슬

휴게시간

사용자는 근로시간에 4시간인 경우에는 30분 이상,
8시간인 경우에는 1시간 이상의 휴게시간을
근로시간 도중에 주어야 한다
- 근로기준법 제54조 제1항

벨트에 끼어 손목 피를 닦으러 가는 중이었다

적막한 정맥에서 나온 듯
1mm 두께의 눈 내린 소리가 싸락싸락 들린다

아무것도 아니다, 아니다
그것으로 편해진다

공휴일인 줄도 모르고 종이박스를 쌓아 올리는
어느 내외가 환각일까

종종,

블라인드에 햇살 갈라져
윗옷을 주름지게 비췄던 오후의 휴게 시간

야근

달의 3할은 슬픔

쏙 들어간 초승달 테두리를 밀대 스위퍼로 쓱쓱 문질러
동그랗게, 동그랗게 늘렸다

마을버스가 끊긴 밤 12시,
보름달이 됐으니 넓고 환해야 하는 데 비어있다

어두운 숨결이다

   그날 야식은 짜장→ 만두→ 짬뽕→ 울면 순으로
주문했다
   총總 7그릇이다

총은 살살 숨소리만 내고

달과 관계에서 총알은 숨결을 떠나게 했던 터라
나는 작업대 위로 머리를 처박고,

윗몸은 있는 힘을 다해 7할의
슬픔이 된다

뜻 없는 풍경

남자 둘 자고 있는 매표구 쪽 벤치
왼쪽 한 명은 앉아서, 다른 한 명은 누워서

육체는 현실을 타고 들어가는 승선이어라

ㄴ자로 둘이 붙어 술을 깨기 시작하는
합선 토네이도, 시발점은 서울역입니다

역사驛舍를 싹둑싹둑 기어 다니고 있는 중이다

애들은 슬금슬금 지나들 가세요, 지네들 지네 되게

지나가는 사람이 없다면
뜻 없는 ㄴ

지나가면서 풀이 돋을까 봐
터진 ㄴ의 오른쪽을 허름한 줄판자로 막아준다,

슬쩍 넘보는 뭔 뜻이라도 되게 해주려고

〈
지나치면 그게 ㄴ을 타게 내버려 두게 되어
나좃대

역무원이 푹 꺼진 그 ㄴ에 얼른 '오'를 붙여버린다

…노(no)

■□ 해설

원근법과 포효

박동억(문학평론가)

 이 시집은 음양오행과 그리스 신화를 풍자하는 것으로 시작하여, 총알처럼 온몸을 내던지는 인간을 형상화함으로써 마무리된다. 그리하여 신성을 풍자하던 인간의 당당함은 차츰 왜소함을 드러낸다. 인간의 직립은 짐승의 자세로 몰락하고, 말은 온몸으로 내지르는 슬픔이 된다. 사유는 사유의 몰락으로, 육체는 육체의 몰락으로 향하여 간다. 따라서 한 사람의 마음이 흘러나오는 통로가 시라면, 황성용 시인의 시는 절규를 통해서 온다. 사유와 지성을 기초로 전개되던 시는 짐승적 포효를 내지르며 서서히 몰락해 간다. 그렇게 이 시들은 징후가 된다. 우리는 하나의 증상처럼 곤경에 처하는 시를 목격한다. 그의 시는 슬픔을 앓는다. 언어는 슬픔에 잠긴 인간처럼, 말을 잃은 혀처럼, 언어는 하나의 웅크린 존재를 표현한다. 왜 이러한 전략은 요청되는가. 황성용 시인은 왜 인간을 고뇌하고,

끝내 자신을 비참한 존재로 받아들였을까. 우리가 주목할 것은 존재의 낙차(落差)다. 지적 정신의 높이로부터 동물적 감각의 하부까지 사유함으로써, 황성용 시인의 시는 인간이 어떤 높이를 소유할 수 있는지 보여주고, 어느 정도로 몰락할 수 있는지 가늠하게 한다. 인간과 짐승, 그 두 가지 존재 방식 중 한 가지보다 그 두 존재 방식을 '가로지르며' 사유한다는 사실이 중요하다. 그것이 그의 시에 담보된 풍부한 이미지이고, 인간적 진실이기 때문이다. 인간은 높다. 동시에 인간은 비천하다. 이 인간의 양면성이야말로 그의 시가 담보하는 고뇌다. 그는 인간을 존경하는 높이에 두는 한편, 인간을 투석하려는 아픈 마음을 가지고 있다. 따라서 이 해설은 한 시인의 시에 깃든 인식의 힘과 짐승적 포효를 가로지르는 것을 목표로 삼는다.

1. 유(類)에서 종(種)으로

황성용 시인이 세계를 인식하는 방식에 관해 설명하기 위해서, 인식과 존재의 관계에 대해 사유해보자. 인식이란 원근법이다. 예컨대 한 그루의 나무가 서 있다고 생각해보자. 대개 시인은 한 그루의 나무를 가까이에서 보려 하기 마련이다. 가까움이란 오랫동안 곁에 있었던 사람처럼, 무언가를 내밀한 체험의 대상으로 여기는 것이다. 시인은 나무의 줄기와 이파리를 손으로 오래 만지듯 몽상한다. 껍

질이 벗겨진 한 나무에 관해, 시인은 당신의 손이 머물렀던 한 그루의 추억이 말뚝처럼 서 있다고 말할 수도 있다. 이러한 표현의 적절성과 무관하게, 시인의 시선에서 드러나는 것은 한 존재의 사소함조차 깊이 들여다보려는 태도다. 반면 일상적으로 우리는 한 그루의 나무를 멀리서 본다. 다시 말해 체계적이고 관념적인 시선으로 보려 하기 마련이다. 한 그루의 나무는 소나무라는 종(種)의 대표이고, 자연의 일부분이며, 이 넓은 우주에서는 유기물로 이루어진 푸른 먼지다. 이때 우리가 '소나무', '나무', '자연', '우주'라는 단어들을 나열해 놓고, 그것의 대분류와 소분류를 나눈다고 해서 우리의 관심은 깊어지지 않는다. 대상은 단지 사전의 단어처럼 무미건조한 설명으로 환원되며 우리의 관심으로부터 '멀어진다'.

세상을 어떠한 거리에서 볼 것인가. 타인을 얼마나 가까이에서 볼 것인가. 이러한 질문들은 인식의 거리에 따라 세계와 타인을 대하는 근본적인 태도의 변화를 일으킬 뿐 아니라, 세계를 발견하는 방식 자체와 관련한다. 이처럼 끝없는 연속일 뿐인 물리적 공간에서 우리가 어떠한 대상을 '개체'로 구분하고 인식한다는 것, 그리고 그것을 어떠한 거리에서 보느냐는 물음은 세계를 형성하는 근본원리에 관한 해석을 제공한다. 인간은 언제나 세계를 '적당한' 거리에서 본다. 한 그루의 나무를 정확히 말하기 위해 우리는 그것을 '숲'이라고 부르지 않고, '나뭇가지들'이라고도 부르지 않는다. 한 대상을 정확한 거리에서 호명하는 사건을 우리는 존재라고 부른다. 우리가 그것을 그리워하고 사랑할 수 있을 만큼, 지나치게 가깝지 않고 지나치게 멀지 않은 거리에서 우리는 모든 존재와 관계한다. 바로 그러한 거리를 깨트리는 순간, 시는 시작된다. 주관은 깊이다.

  황성용 시인이 사유하는 장소, 다시 말해 그의 시가 본질적으로 출현하는 장소는 바로 일상적인 인식의 원근법을 깨트리는 순간이다. 그의 시어는 단숨에 유개념으로 치솟기도 하고, 종개념으로 추락하기도 하면서 관념적 유희를 벌인다. 예컨대 시인을 레몬을 '레몬이라는 한 유형'이라고 부르고, 현실을 '장방형의 네모 세계'라고 부른다(시 「열매」). 여기서 현실은 단순한 도형 체계로 격하되고, 반대로 레몬은 현실에 대항하는 무정형의 체계로 격상된다. 시인은 문명의 합목적성에 따르는 체계를 '장방형'이라는 도형으로 표현하고, 합목적성을 따르지 않는 레몬의 '울퉁불퉁'한 특성을 '존재의 차이점'이라고 명명한다. 존재의 차이점이란 사물을 지금까지와는 다른 원근적 거리에서 바라보는 방식으로 발견된다. 세계를 '가까이서' 형태로 발견하고, 레몬을 '멀리서' 유형화하는 원근법의 조정이 일어난다. 이러한 방식으로 존재의 차이를 전경화하여, 세계를 인식하는 관습적 거리를 깨트리는 것, 바로 이것이 황성용 시인의 시다. 그리하여 그의 시는 인식의 트램펄린이라고 부를 만한 정신 운동을 일으킨다.

시 「햇볕」에서도 그는 먼저 풀이나 대지를 '초목류'라고 칭한다. 한 개체를 상위 범주로 호명함으로써 자연물에 관한 인식은 생경해진다. 햇볕에 관해서도 시인은 "만물의 요소 중에 근원"이라고 관념화한다. 하지만 황성용 시인의 시에서 근본적으로 비판되는 것은 그러한 관념적 시선이다. 그래서 그는 시 「햇볕」에서 "햇볕에 당황했던 그 공간 속으로 들어가 보는 것"을 제안한다. 이러한 제안은 햇볕을 사유하기보다 체험의 대상으로 여기는 자세, 햇볕을 관념으로 '멀리' 보지 않고 곁에 함께 놓여 있다고 보는 것이다. 이렇듯 작품들을 살펴보면, 의도적으로 황성용 시인은 최초에는 사물을 멀리서 보는 방식을 재현한다. 하지만 이후에 그는 그러한 관념을 해체하려 하며, 사물로 가까이 접근해간다. 다시 말해, 장방형으로 분석되는 현실은 레몬의 예측할 수 없는 물질성에 의해 해체되고, 햇볕의 관념은 햇볕과의 접촉에 의해 해체된다.

그렇다면 왜 이러한 인식의 변화는 필요한가. 풀을 '초목류'라고 부르고, 레몬을 '레몬이라는 한 유형'이라고 부르는 것이 인식론적 유희 이상의 어떠한 가치가 있는가. 이러한 원근법적 전환에는 황성용 시인이 제시하는 특수한 윤리적 지평이 깃든다. 일상적으로 인간을 어떠한 직함이나 신분으로 명명하는 관습을 떠올려보자. 이 분류의 관습 속에서 인간은 몰개성화된다. 이를테면 시 「변주」에서 "사람들을 별개의 단위로 분해해 놓고 보면 보통 3개의 속성으로 분리된다"고 시인은 쓴다. 인간을 멀리서 볼 때, 인간은 속성에 지나지 않는다. 사람들은 타인을 지칭에 따라 분류해놓고, 관객이 무대를 바라보듯 먼 거리에서, 이름도 모르는 타인의 외모와 인성을 품평할 뿐이다. 인간은 인간을 보려 하지 않는다. "이름 두 자는 관중들에게 지워지고 실체가 본격적으로 감정을 점령한다"고 시인은 쓴다. 반대로 속성이 아닌, 모든 속성이 통합된 존재로서 '이름'을 기억하는 것은 타인을 이해하려는 깊은 관심을 갖는 일이다. 이로써 황성용 시인이 거부하는 것은 다음과 같은 현대인의 시선이다. 현대인은 세계와 타자를 '멀게' 본다. 현대인의 시선에 타인은 익명의 '아무개 씨'이고, 현대인은 타인을 상품처럼 소비한다. 반대로 시적 시선은 한 인간을 한 존재로 발견하는 정확한 거리에서 타인을 호명하려는 시도이다. 그것은 포용을 예비하는 자세다. 존재와 존재가 서로를 바라보기 위하여, 서로의 곁을 함께 바라보는 일이다.

2. 쓰러진 세계와 외줄 타기

시집의 처음으로 되돌아오자. 표제시 「미련 없이 밤」과 이어지는 작품 「정정(訂正)」에서 시인은 각각 동양과 서양의 전통을 소환하여 패러디한다. 특히 이 작품들은 동양과 서양의 전통적 사유를 풍자한다. 시 「미련 없이 밤」에

소환된 음양오행에 관해 생각해보자. 음양오행은 수천 년 동안 지속되어 인간의 행위와 성격, 그리고 그것을 둘러싼 자연에 모두 상응하는 대원리가 존재한다는 사고방식을 반영한다. 음과 양이 서로 보충하듯, 남성과 여성이 서로 조화를 이룬다. 또한 물·불·나무·쇠·대지의 원소들이 순환하고 갈등하듯, 세상은 중심과 사방(四方)으로 이루어져 있고, 인(仁)·의(義)·예(禮)·지(智)·신(信)이 인격의 조화를 이룬다. 그런데 시인은 이러한 자연원리를 패러디함으로써 오행의 원리를 마비시킨다. 세상은 '금(金)'이 아니라 '밤'으로 가득하다. 이때 밤이 쇠를 내리친다는 표현은 어떤 의미인가. 모호한 문장이지만, '내리친다'는 표현으로서 시인이 강조하려는 것이 조화보다 갈등이라는 사실은 분명하다. 시인은 오행의 원리에 밤이라는 불온한 원소를 삽입하여, 균열과 불화의 원리를 부각한다.

마찬가지로 시 「정정(訂正)」에서 시인은 그리스 신화의 프로크루스테스를 패러디한다. 설화에 따르면 프로크루스테스라는 이름의 악인은 나그네를 자신의 집에 머물게 한 뒤 침대에 묶어서 살해한다. 그는 자신의 침대보다 키가 큰 사람은 다리를 잘라 죽였고, 자신의 침대보다 키가 작은 사람은 다리를 늘려 죽였다. 프로크루스테스는 엄격한 잣대를 타인에게 적용하는 폭력적 사고를 상징하는 개념적 인물이다. 반면 황성용 시인은 이 잔혹한 이야기를 항문에 '뽐뿌'질을 하는 우스꽝스러운 상황으로 전도

시킨다. 방귀와 대변 같은 '매캐한 웃음'이 쏟아지는 상황은 그 추함 때문에 익살스럽다. 더불어 시인은 '응급실'과 '침상'이라는 상황 또한 부각한다. 침상에 누운 육체는 병자다. 그런데 병자에게 치료가 아닌, '신화의 웃음'이 처방되고 있다는 사실은 부조리하기 때문에 섬뜩하다. 이처럼 두 편의 시에서 각각 동양과 서구의 전통을 패러디함으로써, 시인은 전통적 세계관을 비틀어 놓는다. 조화로운 자연관과 엄격한 잣대는 불온한 충격과 부조리한 웃음으로 전도된다. 이는 전통적 사고에 깃든 조화나 질서를 해체하고 조롱하는 태도이다.

원하는 것도 아니고 원했던 것도 아닌 운동장에서 일동 기립한 일을 두고 그건 동력이 아니라 습성이라고 밖에서부터 말하는 건,

어쩌다 생리학적으로 대사나 체온 조절의 기능이 있다고 할지라도 진리보다 관념에 편향된 부위라 더 놀랍다

우리들은 이때 어느덧 넓은 벌판처럼 머물러 있으면서 아련히 떠오르는 윤슬을 그리워하고 있다 어제다 싶은 유년 운동장의 추억을 상기하면서 그 운동장의 사연이 더 만져진 통증에 민감해지고 있

다 그래 운동장 하면 운동회가 생각나고 연병장이 생각나고 광장이 생각나는 것은 운동장의 넓디넓은 용도까지 확장되어서가 아니다 촛불 심지처럼 직립으로 타오르고 있다는 것,

천형^{天刑}인 양 태어났다는 것 때문이다

시 「기립」 전문

시인의 현실 인식이 잘 응축된 작품은 시 「기립」이다. 이 시는 어릴 적 운동장에서 "일동 기립"하던 사건을 회상하며, 명령에 순종하던 '습성'을 반성하는 내용으로 이루어진다. 운동장에 서 있는 학생들은 곧 삶의 알레고리로 전환된다. 삶은 훈육이고 지배이자 억압이다. 인간은 운동장에 서 있듯, 그렇게 벌 받듯이 살아간다. 시인의 삶을 하늘이 내린 벌, 즉 '천형(天刑)'처럼 느낀다. 이 작품은 비관적 감정이 상상력을 압도하고 있는 것으로 판단된다. 시인의 상상력은 유기적이지 않고 비약적인 시어의 연상 과정으로 전개된다. 시어는 단계적으로 관념화된다. 시인은 "어제다 싶은 유년 운동장의 추억"에 이어 '연병장'을 연상함으로써, 운동장에 서 있는 학생들이 군대에 소집되듯 훈육 받고 있다고 암시한다. 다시 한 번 '연병장'을 '광장'이자 '촛불 심지'라고 부름으로써, 학생들이 촛

불집회처럼 군집해 있다고 연상하게끔 유도한다.

상상력이 파열하는 지점으로부터, 어떠한 신음치럼, 시인의 아픈 마음이 드러난다. 그의 마음속에서 "어제다 싶은 유년 운동장의 추억"이라는 추억의 공간은 이념 논리에 탈색되어 있다. 운동장은 유년의 추억이 아닌, 복종의 흔적이다. 이에 따라서 우리는 시 「기립」에서 어째서 기립의 '습성'을 "진리보다 관념에 편향된 부위"라고 정의하는지 고민해 볼 필요가 있다. 이 작품은 두 시간 층위에서 읽힌다. 이 작품에서 시인은 유년 시절 운동장에서 체험하는 소년으로서 '관념'에 복종했고, 현재에는 과거를 회상하는 성인이 된 뒤에도 복종의 관념으로 내면화하고 있다.

따라서 이 시는 표면적으로는 회상의 방식을 취하지만, 본질적으로는 현재의 자기 자신에 대한 반성을 드러낸다. 따라서 '습성'은 단순히 세계에 순종하는 태도만을 말하는 것이 아니라, 기억을 관념화시키는 자기 정신을 뜻하기도 한다. 반성해야 할 것은 복종했던 순간이 아니라, 어떠한 순간을 복종의 자세로만 추억하는 자신의 고정관념이다. 추억을 채색하는 것은 삶을 지배-형벌의 관념으로 바라볼 수밖에 없는 주관적 관념이다. 무의식적 반성처럼, 시인은 관념과 천형으로서의 삶과 대비되는 '윤슬'의 이미지를 꿈꾼다. 윤슬이란 햇빛에 비치는 투명하고 평평한 물결을 뜻한다. 그것은 관념의 세계와 명백히 대비되는 구체적 물질의 세계, 잔물결의 광채가 튀어 오르는 시적 몽상이다.

관념의 채색이 없는 추억이란, 윤슬처럼 투명해야 한다.

그의 시집은 윤슬의 투명함보다 기립-천형의 관념을 오래 들여다보는 쪽에 기울어져 있다. 황성용 시인에게는 벌 받듯 견디는 것이 삶이다. 그래서 그는 휴식에 관해서도 다음과 같이 반문한다. 사람들은 왜 벤치에 앉아서 쉬는가. 왜 매 순간 행복한 추억을 사진으로 간직하려 하는가. 시인은 시 「풍취」에서 이렇게 답한다. 그들은 "벽을 기어 올라가는 단순한 저항으로 힘을 몰아 양팔을 힘껏 뻗었던 것"이다. 인간은 삶을 견디기 위해 휴식하고, 삶은 견디기 위해 추억한다. 그리하여 삶은 외줄 타기다. '쓰러짐' '넘어짐'은 그의 시에서 반복되는 표현이다. 삶은 간신히 쓰러지지 않는 균형이다. 그리하여 시인은 이렇게도 예감한다. "언젠가는 이 모든 아침이 누구에게나 있는 보편적인 아침보다 헐고 힘겨운 아침으로 전락하고 있을 것 같다 바닥에서 외면 받는 줄 알면서 줄이 철퍽 넘어진 것이다"(시 「외줄」).

3. 박제된 피와 곡면의 풍경

황성용 시인에게 세계는 견디는 것이거나 쓰러진 것이다. 따라서 그가 모든 종류의 세계관, 예컨대 신앙과 역사의식이나 예술적 심미성으로부터 비애를 드러내는 것은 필연적이다. 우리는 다음과 같이 물어야 한다. 그는 어째서 삶을 절박하게 느끼며, 삶의 자세를 바로섬과 넘어짐이라는 이분법으로 인식하는가. 시인은 소박하게 다양한 삶의 태도가 존재한다고 말하지 않는다. 모든 종류의 세계관이 어중간하게 타협되며 공동체가 이루어진다고 말하지 않는다. 예컨대 그는 역사 없는 삶을 '유작'이라는 은유에 비유한다(시 「역사의 피」). 역사가 없다면, 피를 가진 모든 생명은 유품에 지나지 않는다. 이러한 단언은 결연하게 삶을 받아들이도록 요청한다. 시인에게 삶은 움직이거나 움직이지 못하는 '정물'의 상태, 혹은 잡아먹거나 잡아먹히는 육식의 상태로 이해된다(시 「쁨쁨」). 인간은 정물화가 되어서는 안 된다. 액자처럼 우리는 가두는 이 시대를 뚫고 나아가야 한다. 이빨로 위협하고 공포로 지배하는 이 세계를 뚫고 나아가야 한다.

그렇다면 그의 세계에 대한 적의(敵意)는 무엇으로부터 유래하는 것일까. 시 「레몬」에서 현실을 '장방형'의 세계로 전도시키고 시 「쁨쁨」에서 '정물'로서의 현실을 강조하듯, 황성용 시인의 시에서 두드러지게 비판되는 것은 모든 사물을 도형의 수준에 배치하고 이해하는 도식적 사고다. 그는 도식적 세계관의 상징으로서 도형 은유를 자주 빌린다. 그가 반복하여 재현하는 것은 '평면'이나 '정물'로 전락해 버린 풍경이다. 정물의 배후에는 박제된 풍경이 있다. 고통에 짓눌려 평평해진 살이 그곳에 있다. 액자에 갇혀 잠잠해진 신음이 그곳에 있다.

나는 수많은 평면을 게워내면서 평면을 바라보
는 나에게
　　너의 곡면을 보여주는 거울이
　　나의 어느 곳이든지 밤새도록 걸려있었다
　　- 1997. 12. 3. IMF 체제 선언 날

　　그 평면의 부호
　　숙이지 않으면 해독할 수 없다

　　무작정 울면 흐린 날
　　울면서 가성을 늘리며 고와지고 있다

　　가끔 갈비뼈를 벌리는 것이
　　흉장胸牆일 수 있다고 드러낸다

　　늦은 귀갓길 사연에서는
　　딱 귀를 수직으로 세운 겁난 내면

　　아픈 부위는 지우는 것,
　　설날 식구들끼리 밟으며

　　엄마가 구운 고등어 살을 발라

저녁 밥숟가락에 올려놓듯
폐지를 거머쥐어 즙을 짜낸 다곡 풍경

그 지렁이 글씨가 보인 날에는
고꾸라져 적었기 때문이다

시 「일기」 전문

  평면이란 무엇인가. 그것은 삽화로 전락한 타인의 존재다. 우리는 가난한 가족의 식사를 삽화처럼 들여다볼 수밖에 없다. 한 편의 시에 담긴 가족을 그저 이야기로 치부하고, 그들의 처지에 슬픔을 느끼며 우리 자신의 윤리적 만족감을 느끼는 정도로 만족하고 만다. 그러나 '그 평면의 풍경'은 본래 타인의 살이며, 피다. 타인은 본래 생생히 살아있는 존재여야 한다. 그런데 우리는 그 삶을 평평한 종이 위에 짓누르는 기록자에 지나지 않는가. 몸을 숙이는 자세를 취하지 않으면, 평면의 부호를 '해독할 수 없다'고 시인은 강조한다. 해독할 수 없는 타인의 삶을 해독하기 위하여, 인간은 "딱 귀를 수직으로 세운 겁난 내면"을 필요로 한다. 다시 말해, 평면을 깨트리기 위해 우리는 조바심과 두려움으로, 귀를 세워야 한다. 시인이 그러하듯, 우리 또한 타인의 삶 곁에 '고꾸라져야' 한다.

  "세상의 모든 세모와 마름모는 불안,/ 구악의 비극"(시

「악상(惡想)」이라는 진술처럼, 황성용 시인은 도식화된 현실 인식에 대한 거부를 드러낸다. 가난을 평면적 풍경으로 재현하는 것은 죄악이다. 시「변주」와「일기」에서도 강조되듯, 타인의 삶은 생생한 것으로 재현되어야 한다. 삶은 전형이 아니라, 튀어 오르는 살이다. 삶을 처절한 외줄타기로 받아들이고, 타인을 생생한 체온으로 느끼려는 그의 시선은 타인의 아름다움과 추악을 동시에 들여다본다. 앞서 시인이 표제시에서 전통적 사유를 풍자적으로 패러디하는 이유는 그것이 삶을 조화로운 것으로 단순화하기 때문인지도 모른다. 앞서 해설했듯, '밤이 내리치는 쇠'란 조화로운 질서를 파열시키는 시간의 도입이다.

황성용 시인이 평면의 부호 너머에서 발견하는 것은 타인이다. 피부로 타인을 느끼려 할 때, 인간을 때론 아름답게 존경하고, 때론 혐오하여 멀리하는 것은 자연스러운 일이다. 인간은 아름답다. 오랜만에 듣게 된 친구의 목소리는 '푸르고 넓다'(시「청명」). 가족을 위하여 기꺼이 매혈하는 가장은 '누워있는 나무'다(시「소고기는 너무 시끄러워서」). 그는 가족을 위해 희생하는 육체이자 가족이 기대어 쉴 수 있는 쉼터이다. 한편 인간은 추악하다. 시인은 타자의 윤리로서 복수의 윤리 '눈에는 눈, 이에는 이'를 채택하기도 한다(시「순결」). 복수는 타자를 향하며, 타자에 대한 환멸감 때문에 발생한다. "누구와도 같이 있을 수 없는 환멸, 말할 수 없는 순결은/ 말할 수 있는 고백으로 있다"(같은 시) 타자에 대한 환멸감은 여실히 고백 된다. 애인과의 동거는 "둘 중 한 명이 쓰러져야/ 끝나는 게임이다."(시 「순결이 처음 한 일」) 이처럼 황성용 시인의 시는 인간을 '곁에 둔다'. 그는 인간을 깊이 받아들이고, 인간으로 인해 깊이 아파한다.

4. 종(種)에서 유(類)로—모성과 야성

인간을 사랑하고 혐오할 정도로, 인간을 곁에 두고 보듬으려는 마음의 기원은 어디인가. 황성용 시인의 시에서 인간을 향한 존경의 스승은, 누구에게나 그러하듯, 부모이고, 특히 어머니다. 시 「척삭 동물」을 살피면, 시인은 어두컴컴한 방에서 전등 하나 켜지 않고 희생하던 어머니의 어둑한 눈을 떠올린다. 흥미로운 것은 그러한 헌신의 기원을 생명체의 기원까지 거슬러 올라가면서 사유하려는 시인의 태도이다. 진화의 사슬 속에서 선대가 후대를 부양하듯, 수많은 부모가 자식에게 헌신하고, "말이 되지 않은 말들이 말이 되어서 오억 만 년까지 오고 있다". 사랑은 오억 만 년의 무지몽매다. 모든 인간이 그러하듯 오랜 시간 동안 영문도 모른 채 우리는 사랑하고, 우리의 자식들 또한 사랑을 지속한다. 헤엄치는 물고기의 척삭이 진화하여 인간을 바로 서게 하는 척추가 되었듯, 부모의 호혜는 자식을 바로 서게 하는 '원시적인 소음'으로서 우리의 마음속에 남는다. 시인이 "파도 일렁이는 척추가 물을 보는 눈이 된 것이다"라고 문장을 쓸 때, 그는 자신을 바로 세우는 어머니의 호혜를, 이번에는 자신이 세상을 보는 눈으로 삼겠노라고 말하고 있다.

어머니를 기리는 애도시 「신기술」을 비롯하여, 시 「일기」 「일요일의 프로포즈」 등에서 시인은 다정히 어머니를 '엄마'라고 부른다. "잠자고 있는 엄마 코가 벌렁거려요. 종일 대기석에 있어서 고단하지요. 콧구멍으로 에너지를 공급해드릴게요."(시 「개척」)라고 말할 때, 어머니의 고단한 콧숨은 이번에는 '에너지'라는 과학 용어로 은유된다. 이렇듯 어머니의 육체는 '오억 만 년'의 생명력으로부터, 현대의 '에너지'까지 전환되어 흘러들어오는 오래되고 거대한 힘이다. 그리하여 시인은 존경을 담아 어머니의 육체를 대륙이라고 부른다. 그는 "코밑에 흙먼지가 묻는 것은 신대륙이 들어섰다는 것, 범선이 미지를 향해 돛을 올리고 있다."(시 「개척」)라고 쓴다. '에너지의 교환'에서 '신대륙으로의 향해'로 옮아가는 이 비약적 몽상은 다음과 같이 정리될 수도 있다. 일단 어머니의 육체는 자신의 욕망에 관한 한 '대기석'이다. 그녀는 자신이 아닌 자식을 위해 '에너지'를 쏟아내고 있기 때문이다. 한편 미지로 향하는 '범선'은 무엇일까. 그것은 어머니의 헌신을 물결처럼 타고, 새로운 사랑을 향해 나아가는 시인 자신인지도 모른다. 다른 시에서, 시인은 사랑의 '행로'에 관하여 다음과 같이 쓴다. "부지런 합시다. 사랑에 대한 정의를 알 필요는 없죠. 느끼면 되니까요"(시 「매혹이 챈로」).

새벽에 이르러 이슬에 이르러 골육에 이르러
사이사이 홀로 떠도는 통렬

통렬한 염원은 물질 이전의 연원
그 질주는 살육의 외피에 싸인 잔혹한 역사이다

화살보다 더 빠르게 지나갔던, 그래서 그렇게 된,
지나간 사체(死體)는 모룻돌이 얹혀있는 격식이 아니다

포식처럼 풀이 아니라 야수의 곧은 이빨이고
사람의 이빨이 아니라 아류의 광풍인 걸
포효의 눈도 눈이지만 왜, 외딴섬의 적막처럼 아련한가

창과 원흉과 늑대와 바벨론 국가의
엄습을 느끼며 공중의 아늑한 보금자리에서 흉금을
탈취하는 표면의 맹금류를 본다

시원의 영령이 영혼이었듯
영혼이 되려고 계속 눈 내리는 3월 간청까지

암흑으로 파 들어가는 발톱처럼 하얘진다

눈 내리면서 깜깜한 사색死色, 참혹한 본령쯤
정도다 해도
숲마다 피어나는 여름에서 꽃, 꽃에서 생명

파도며 폭우며 불안이며 모두 모두
흘러가는 물이려니, 그건 밤마다 몰려드는 광분

죽창은 멈춰도 물은 흐른다

시 「사념을 흐르는 봉기」 전문

 지금까지의 논의를 아우르면 다음과 같이 정리된다. 시인은 현대인을 장악하는 도식적 세계를 벗어나는 방식으로써 '물질 이전의 연원'을 모색한다. 일단 우리는 시인이 탐색하는 '물질 이전의 연원'의 한 줄기로서 '어머니-희생-사랑'의 축을 확인했다. 그것은 시인에게 내면화되어, 타인을 향한 애정 어린 시선으로 전환된다. 한편 시 「사념을 흐르는 봉기」에는 또 다른 '물질 이전의 연원'이 표현된다. 그것은 야성이다. '봉기'하려는 마음은 역사로도 억눌러지지 않는 야성적 폭력을 가리킨다. 그것은 "살육의 외피에 싸인 잔혹한 역사"이자, "창과 원흉과 늑대와 바벨론 국가"와 마음을 놓고 투쟁하던 '맹금류'의 시간이고, 시인에게는 "밤마다 몰려드는 광부"의 밤이다. 우리는 앞서 살펴본 시 「미련 없이 밤」의 '밤'과 「역사의 피」의 '역사'가 위 작품에서 통합되는 것을 목격한다. 시인이 소환하는 '밤'과 '역사'란 바로 야성이다. 뱀처럼 똬리를 튼 채 봉기를 꿈꾸는, 격식 차린 세계를 찢고 출현하기를 꿈꾸는 야성이다.

  그러나 시인은 다음과 같이 말한다. 포효를 꿈꾸는 정신은 어째서 "외딴섬의 적막처럼 아련한가". 왜 봉기는 '참혹한 본령'이 되고 마는가. 시인은 자신이 꿈꾸는 야성적 세계가 현대에 위치할 수 없음을 잘 알고 있다. 야성적 인간은 문명 속에서 폐허다. "새벽 파도에 밀려난 표범의 모래톱,/ 너무 쌓여서 붕괴의 위치를 찾지 못한다"(시 「힐베르트 호텔」)라고 시인은 쓴다. 문명 이전의 원시―동물이 되기를 바라는 마음, 다시 말해 모든 이해와 가식을 벗어던지고 포효하려는 마음은 사라질 장소조차 찾지 못한다. 그리하여 시인에게 '새'는 "가도 가도 나에게는 도달하지 못할 험난한 개념"이다(시 「다르게 보면 당연히 내용은 채워진다」). 야성에 이르는 길은 아득하다. 이때 '새'로 표상된 동물적 삶이란 정신과 육체, 사유와 행위가 구분되지 않는 삶, 즉 날갯짓과 정신적 추구가 일치하는 삶일 것이다. 그러나 삶으로부터 추방되어 있기 때문에, 야성은 밤마다 광기처럼 온다.

시인은 몰락해가는 장소와 시간을 아름답게 들여다본다. 몰락한 장소들, 즉 폐허는 세계의 가장자리이고, 문명이 더 이상 점령하지 못하는 장소이다. 시인이 돌아보는 장소들은 '부도(不渡)의 사연이' 적힌 관광지이고(시 「부도」), '허물 집'이다(시 「신건축학개론」), 바로 그러한 장소에서 잡초들은 무성히 자라나 문명을 포위한다. 황성용 시인에게 시 쓰기란 폐허에서 자라난 잡초처럼, 폐허를 제물로 삼아 야성을 소환하는 행위다. "문예지 '수필예술' 과년도 한 권과 무명 시인 시집 두 권"을 왜 그는 순결하다고 말하는가(시 「순결의 시」). 그것은 시 쓰기를 폐허로 여기는 시인의 마음 때문일 것이다. 폐허는 순결하다. 폐허는 몰락한 장소이기 때문에, 자연 이외에는 어떠한 것도 침범할 수 없기 때문이다. 그리하여 그의 시에서 인간은 마땅히 인간의 연원 이전의 이름을 지닌다. 인간은 척삭을 그리워하는 척추동물이고, 사랑하고 헌신하는 살이며, 폐허를 꿈꾸는 야생의 사고다. 순결한 슬픔과 야생의 포효 사이에서, 그의 시는 인간이라는 종(種)을 넘어, 그는 자연이라는 유(類)로 향한다.